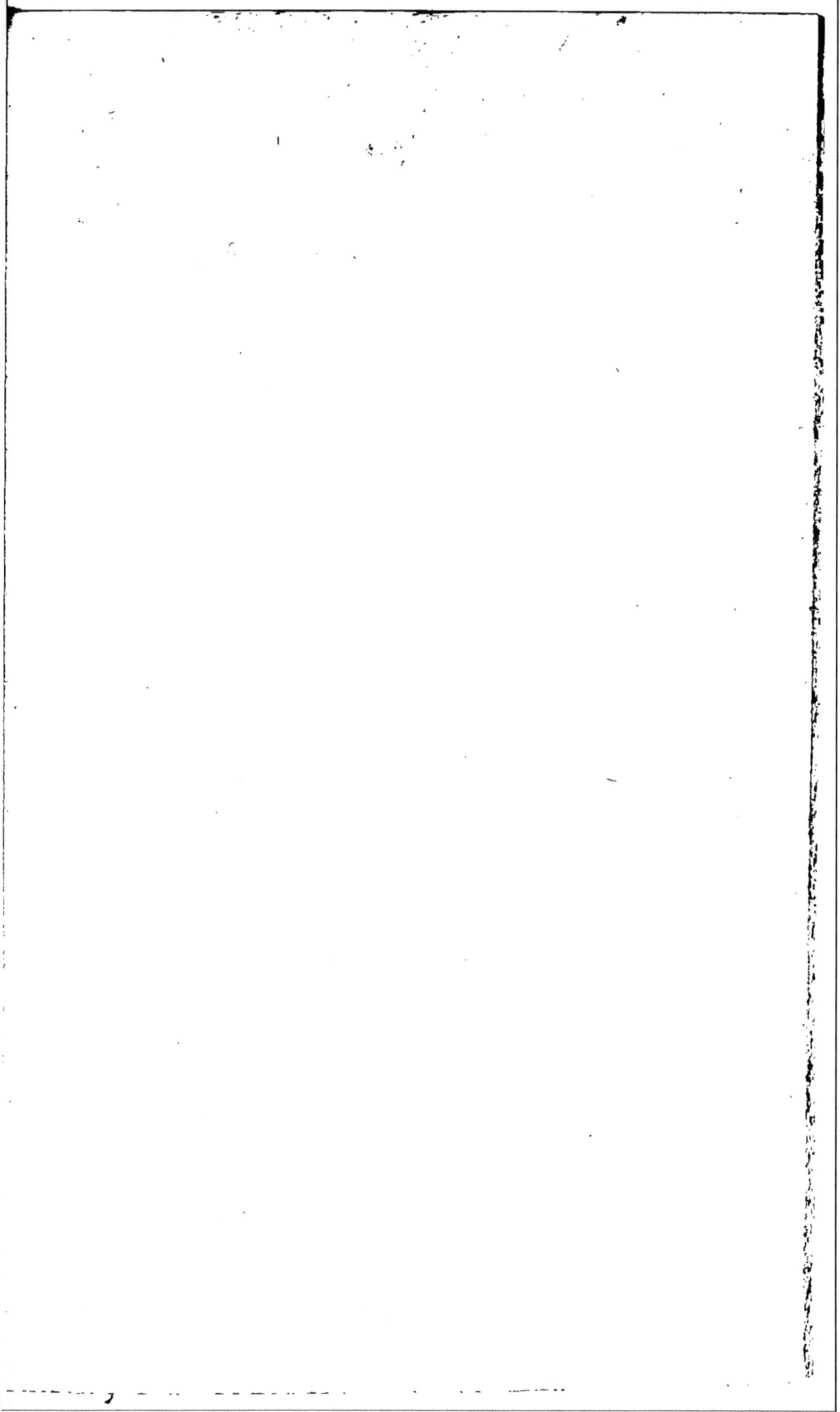

ORAISON FUNEBRE

DE

CHARLES EMMANUEL

ROI DE SARDAIGNE

ET DUC DE SAVOYE.

Prononcée à Chambery le 17 Mars 1773 par
M*** Vicaire de la Paroiſſe de St.....

à Chambery,

Chez Antoine Gombaut, Imprimeur du Sénat
1773.

Universus Juda & Jerusalem luxerunt eum. Tout Juda
& Jerusalem le pleurerent.   Paralip L. 2. ch. 35. v. 24.

PARMI les victimes que la mort frappe
sous nos yeux, froids spectateurs du cours
de la nature, nous n'en sommes pour l'ordi-
naire affligés que pour elles : mais il en est
dont la chûte laisse un vuide immense, & qui
nous affligent pour nous-mêmes. C'est l'Ange
exterminateur qui vient dans son passage de
toucher le seuil de nos maisons, & chacun
de nous vient d'être frappé dans son propre
sein. Telle étoit l'affliction d'Israël à la perte
de quelques-uns de ses Princes, & à celle du
saint Roi Josias, tout Juda & tout Jerusalem
furent en pleurs. *Universus Juda & Jerusalem
luxerunt eum.* Si telle fut autrefois leur douleur, telle est aujourd'hui la nôtre ; car la
mort, en nous enlevant CHARLES-EMMANUEL
ROI DE SARDAIGNE ET DUC DE SAVOYE, n'a
point frappé un Prince qui n'est Roi que du
lieu qu'il habite & des courtisans qui l'environ-
nent ; c'est le Roi de toutes les parties de
son Royaume & de tous ses sujets sans dif-
tinction. Ce n'est donc pas le deuil d'une
seule famille, d'une seule cité, c'est le deuil
de tout l'empire & de tout le peuple, car

A 2   tout

tout le peuple & tout l'empire l'ont pleuré *Univerſus Juda , &c.* C'eſt donc dans les hameaux les plus obſcurs , au milieu de ſes pauvres habitans , bien plus encore que dans les capitales , au milieu des grands du monde qu'un miniſtre de l'Evangile doit élever ſa voix pour célébrer un bon Prince. C'eſt au milieu de l'aſſemblée du peuple qu'il faut lui rendre hommage , s'il a rempli la vocation d'un grand Roi , s'il a combattu avec le courage de David , s'il a jugé avec la ſageſſe de Salomon. C'eſt du milieu de la multitude que doit s'élever le glorieux témoignage qu'il a été vraiment Roi dans la guerre comme dans la paix, dans les cités & les campagnes , comme au milieu de ſa cour. Vous entendez ſouvent, M. F. , les Miniſtres de l'Evangile faire retentir cette chaire des louanges des Saints qui ont édifié le monde , ils doivent auſſi vous parler des Rois qui l'ont rendu heureux & qui l'ont ſanctifié. Car ce ſont encore les Princes qui font les ſaints , en faiſant régner la juſtice & la Religion. Laiſſons aux grandes villes & aux cours la pompe des diſcours , l'appareil & la magnificence des cérémonies , toute cette ſcience enfin des honneurs funébres , vaine image au milieu du Chriſtianiſme des grandeurs humaines , reſte profane encore de ces funérailles du paganiſme où tout étoit réglé d'avance juſqu'aux larmes même qui devoient s'y répandre. Pour moi dans une ſimplicité plus digne & du Prince & de l'Evangile , je viens me préſenter avec mon ſeul ſujet. Je

viens

viens m'entretenir avec vous , & vous communiquer quelques réflexions à mesure qu'elles partiront de mon cœur.

Pour ne pas abuser par des détails étrangers d'un temps déjà trop court pour ses vertus , j'abandonne aux historiens le triste soin de prouver que le Roi de Sardaigne est aussi un des plus nobles gentilshommes qui regnent en Europe. Pardonnez-moi, Messieurs, cette expression familiere à un des plus illustres Monarques de la France qui s'honoroit tant de n'être que le premier de sa noblesse. Il est grand pour la religion comme pour l'humanité de bannir les titres empruntés pour n'admettre que les titres légitimes de nos hommages. Je vous avoue même, M. F., que parmi les fantômes que l'imagination se plaît à former dans la composition de mes héros, je leur refuserois des aïeux & une naissance illustre , afin que les obstacles & les préjugés vaincus d'une naissance obscure vinssent ajouter encore au triomphe de leur Etre.

Mais sans vouloir illustrer la Maison de Savoye d'une origine qui se perd dans les nuages de l'antiquité, je suis cependant obligé de vous en parler pour les droits sacrés de la vérité. Son histoire ne nous présente l'ancienneté de son origine que comme l'ancienneté de sa gloire. Compter le nombre des aïeux, c'est ici compter le nombre des grands hommes. Dans une longue succession, l'histoire de tous se lit avec intérêt , celle de plusieurs avec admiration. Cet Etat foible dans son prin-

cipe

cipe s'eft développé à chaque fiécle & fous chaque regne. Ces Princes refferrés dans nos montagnes ont aggrandi leur berceau, font defcendus dans la plaine, tantôt ennemis, tantôt alliés des grandes puiffances, ou médiateurs entr'elles, ils ont été utilement de toutes les guerres & de tous les traités. L'exemple des ancêtres, la puiffance des ennemis, la jaloufie des voifins leur impofoient l'obligation d'être de grands hommes : Et les grandes villes & la faine adminiftration paffoient pour ainfi dire de prince en prince avec fon héritage. Vous l'avez vu, Meffieurs, & Victor, ce Guerrier, ce Politique cité parmi les héros du fiécle, en cédant fa couronne à fon fils ne lui tranfmit-il pas & fes états & fes talens ? Mais quel nom viens-je de prononcer ! Pourquoi flétrir Charles dès le commencement de fa carriere, & vous rappeller ce qu'un long regne vous a fait peut-être oublier : c'eft qu'il eft de la dignité de la chaire de vous dénoncer les coupables les plus illuftres, & c'eft alors que les Miniftres de l'Evangile doivent fe mettre à la tête des accufateurs. A Dieu ne plaife, M. F., que nous veuillions voir ici autrement que le commun des fidèles. C'eft à un tribunal bien folemnel que nous le jugerons, & le Politique n'aura d'autres loix que celles de la nature. Qu'à la voix de la puiffance paternelle, la plus puiffante fans doute, Charles refpectueux dépofitaire defcende du Trône, & remette le Sceptre à la main qui le lui confia. Ah ! fi
l'ambition

l'ambition feule de commander a fait taire les droits les plus facrés, nous le condamnons au nom de Dieu & de fon Evangile , & nous n'avons de reffource pour lui que dans le fein qui reçut tant de fois David humilié & repentant. C'eft à vous , ô mon Dieu , que nous avons recours , & nous vous offrons aujourd'hui pour Charles les vertus éclatantes de fon long regne , fon amour pour fon peuple , fon zèle pour votre fainte Loi , fa pénitence & fes remords fécrets, nos prieres, nos vœux & le fang enfin de l'agneau qui coule fur nos autels.

Voilà comme les Maîtres du monde feront eux-mêmes jugés par les hommes..... Mais le feront-ils ainfi par Dieu ? Excufez , M. F. , entraîné par le torrent , j'ai ufurpé les droits de la Divinité en fondant les cœurs & les reins. Ah ! puifque cette vie mortelle eft un féjour d'illufion & d'erreur, que ce n'eft point parmi les vivants , mais parmi les morts que l'on découvre la vérité, abandonnons au grand Scrutateur des cœurs ces actions équivoques que le motif feul rend héroïques ou criminelles. Mais vous vous rappellez les noms illuftres de ces fideles ferviteurs de Charles qui avoient encore été pendant le regne de Victor fes plus zélés miniftres : Interrogez - les , pourquoi ils arrêtent le Fils, qui, conduit par la nature feule va dépofer aux pieds de fon Pere fon fceptre & fa couronne. Ils vous répondent que tous les hommes font à Dieu , mais

que

que tous les Rois font aux hommes, & que le Royaume de Juda ne doit pas être le jouet de l'inconftance, & que fi renoncer au Trône eft le fruit d'un profond détachement; le retour aux grandeurs ne vient pas du zèle du Seigneur, quand il n'y a ni défordre à réprimer, ni crime à prévenir; Ils vous avertiffent encore d'interpréter le début de fon regne par le regne tout entier, & de voir fi l'avenir n'explique pas le paffé. Voyons donc, M. F., fi la Providence s'eft expliquée, fi elle a fait affez voir que fi Charles étoit criminel devant les hommes, il étoit agréable devant Dieu. Examinez fi le Ciel a confirmé fa puiffance fouveraine, s'il n'a pas mérité fa protection puifqu'elle ne lui manqua jamais. Si le Dieu des armées & le Dieu de force; fi le Dieu de confeil, de juftice, de prudence l'abandonna quelquefois à fa propre foibleffe pour punir le premier crime de fon regne, & s'il ne peut pas dire pendant tout le cours de fa longue vie ce que David ne difoit que dans l'éclat de fa vertu. *Et cognovit David quoniam confirmaffet eum Dominus regem fuper Ifraël; & quoniam exaltaffet regnum ejus fuper populum fuum Ifraël.* ch. 2. Reg. v. 12.

A peine étoit-il fur le Trône que la guerre s'allume, les orages fe forment au loin, & cependant le nord enflamme le midi. Alors les puiffances s'allient, elles ambitionnent toutes de s'unir à la Savoye qui par la nature de fa pofition fera toujours en Italie l'arbitre de de la victoire. La France & l'Efpagne fieres

de

de la préférence, voient arriver notre Roi qui
vient joindre nos drapeaux aux leurs. Car il
ne confia qu'à lui le commandement de fon
armée. Si la qualité de guerrier paroît être
la premiere des Rois, fi parmi les nations po-
licées le champ de Mars fut autrefois l'école
des chefs comme parmi les fauvages, où les
inftitutions font le moins déguifées, c'eft le
plus courageux qui eft le plus digne de commander. Un Prince doit donc toujours être à
la tête de fon peuple, autrement il fe dépouille
d'une partie de lui-même, & renonce à la
noble origine des Rois. Charles fut digne
de la fienne : Voyez-le à la tête de fon armée,
& voyez fa préfence doubler fes forces. Lui
feul peut avoir cet amour qui ménage la vie
de fes foldats, & c'eft auffi pour lui feul qu'ils
réfervent cet enthoufiafme qui les en rendroit
prodigues. Car un Général ne compte que
les hommes qu'on lui donne, & le Prince
calcule ce qu'ils lui coûtent. L'un ne voit
que des Soldats & ne les voit encore que
dans un moment, l'autre voit des fujets & il
les voit dans la fuite d'années qui les ont vu
naître & croître. Il s'afflige de la perte d'un
feul homme expofé légérement, pendant que
le Mercenaire ne voit que lui feul, facrifie
tout à fa gloire, & que tous les lauriers ten-
tent fon ambition quelqu'enfanglantés qu'ils
foient.

Un autre grand avantage dont nos armées
ont joui en combattant fous les yeux du Roi,
c'eft que fes regards feuls diffipoient le trouble
&

& la difcorde. La paix régnoit dans nos camps, & nous n'étions en guerre qu'avec nos enne-mis. Tant de bras armés n'avoient qu'un même efprit & un même courage, & une armée nombreufe n'étoit pour ainfi dire qu'un feul combattant, *egreffi funt quafi vir unus.* Car la guerre n'a-t-elle pas affez d'horreurs fans les multiplier encore : & fi les gémiffemens des victimes vous apprenoient qu'elles ont fuccombé par l'ambition & la trahifon des chefs & non par le fort des armes & les hazards de la Victoire, qui ne reculeroit épou-vanté qu'une ame affez atroce eût ofé calcu-ler froidement la perte d'un rival par la défaite de fon armée, & par la mort d'une foule d'innocens concitoyens ? Ah ! Sei-gneur que leur gloire paffagere foit même leur éternelle ignominie dans la poftérité ; imprimez fur ces lâches affaffins de leurs freres comme fur le meurtrier d'Abel, un caractere ineffaçable de réprobation, & que notre amour pour les hommes, puifqu'ils font votre ouvrage, excufe cette imprécation. Mais arri-vés aux pieds de votre Trône, puiffe votre juftice ne trouver en enfer ni affez de tortures, ni affez de fupplices pour ces monftres enne-mis de l'humanité.

On n'eut jamais de femblables maux à re-douter dans nos armées, la préfence du Roi infpire plus d'ardeur aux foldats, plus d'é-mulation aux chefs ; mais avec une fubordi-nation invariable dans tous les ordres, fa préfence encourage aux entreprifes hazar-deufes, deuses, & parce qu'on combat sous ses yeux, on triomphe, ou on meurt. Voilà les avantages que les Rois produisent à la tête de leurs armées par le seul poids pour ainsi dire de la Majesté. Mais quand ces Rois sont encore des héros, voici ce que Charles nous a appris qu'ils peuvent faire. Après que les armées alliées se sont jointes dans la Lombardie, il s'avance vers Pavie, & Pavie, après une vaine résistance ouvre ses portes. Milan suivra son exemple, & son château qui tant de fois a été sa sûreté & l'écueil de ses ennemis, demandera promptement à se rendre. Toutes les Villes attaquées seront bientôt des Villes soumises. Les positions & les marches préparent les actions générales & décisives. Déjà les François ont triomphé à Parme ; mais c'étoit à Guastalla qu'il étoit réservé au Roi de consommer la Victoire & la Guerre. Ne l'imputez pas, Messieurs, à la timidité d'un ministère pacifique, mais bien aux doux sentimens de la nature & de la religion, si nous fuyons les détails sanglans des combats. Les ennemis furent vaincus, & les alliés admirerent dans le Roi, le Capitaine & le Soldat. Voilà toute la relation que nous vous devons, & j'aime mieux vous le peindre après la Victoire dans les fonctions de la Justice, récompensant toutes les actions glorieuses, ou bien dans les fonctions d'une tendre humanité, qui vole au secours des blessés & au soulagement des mourans.

Que le monde admire les lauriers cueillis
dans

dans les batailles ; pour nous, nous les re-
doutons. Qu'il fe peigne fes héros comme
des lions rugiffans, & qu'il aime à les fuivre
dans le feu des combats ; nous aimons mieux
les voir avant ces combats en préparer le
fuccès, & attirer fur leurs armes les bénédictions du ciel. C'eft aux grands Capitaines
à préparer les armées les plus redoutables,
& elles doivent fortir de leurs mains pour
ainfi dire toutes victorieufes. Pour la vraie
bafe des Triomphes & de la gloire, c'eft dans
la difcipline que notre Prince l'avoit pofée.
Fidele imitateur de l'antiquité, il fçavoit
qu'aguerrir le Soldat aux temps, aux faifons,
aux befoins, & aux travaux pénibles, c'eft
le multiplier, c'eft le rendre comme impaf-
fible, pendant que l'armée la plus nombreufe
fans difcipline, fe détruit fans combattre.
Après ces premiers degrés viennent les regles
de l'attaque & de la défenfe, l'art des évolu-
tions & des exercices, qui fait de toute une
armée, un corps fouple & flexible ; mais le
point le plus effentiel de la difcipline, c'eft
de faire briller, même au milieu du tumulte
des armes, les vertus tranquilles de la paix.
Voilà cette Science que le Miniftre de l'Evangile peut revendiquer, & que j'appellerai
d'une manière plus particuliere la difcipline
chrétienne des armées.

Ce n'eft fans doute que parmi les Barbares
qu'on trouvera les maux de la guerre en
être & le fruit & le but. Parmi eux feuls,
l'on peut voir des chefs combiner pour leur
fortune,

fortune, un fyftême de ravage & de défola-
tion, une armée fe livrer à leur exemple à
la licence, & tous fe charger avidement des
dépouilles profanes & facrées. Ce ne font
point de généreux foldats qui combattent
pour la gloire & le falut de leur pays ; ce font
des Brigands fans patrie, armés fans diftinc-
tion contre l'honneur & les biens, & qui
font également funeftes au pays qu'ils atta-
quent & à celui qu'ils défendent. Ah ! fi jamais
ce fiecle a pu fournir de pareilles armées,
qu'elles foient dégradées de l'augufte titre de
nations chrétiennes & même de nations poli-
cées. Ce n'eft point elles que le Seigneur appelle, quand il prend le nom de Dieu des armées. *Vivit Dominus exercituum.* Il eft vraiment à la tête des nôtres, & elles marchent
fous fes étendarts, puifque le Prince y fçait
faire régner cette difcipline que l'apôtre recom-
mandoit aux gens de guerre : *ne frappez, ne
concuffionnez perfonne, & foyez contens de votre
Solde.* Gloire foit à jamais à notre nation
& à fon illuftre Souverain ; car nos foldats
n'ont jamais connu d'autres ennemis que les
foldats, & dans leurs cœurs ont toujours été
gravées ces belles paroles du célebre du Guef-
clin : » mes amis, fouvenez-vous qu'en aucun
» temps & en aucun pays, les prêtres, les
» femmes, les enfans, & le pauvre peuple
» ne font jamais vos ennemis « C'eft bien alors,
M. F., que nous pouvions nous glorifier que
le Dieu des armées préfidoit à nos combats,
& venoit couronner le front de nos guerriers.

Auffi

Aussi Charles après les travaux de cette guerre vit-il arriver une paix glorieuse qui recula les frontieres de ses Etats.

Que cette paix fut de courte durée ! En vain voulut-il la rendre durable, il fallut qu'il reprît les armes, puisque la balance de l'Italie est entre ses mains. La discorde vint agiter de nouveau tous les Souverains de l'Europe, & changer tous les intérêts. Les anciens alliés deviennent ennemis, & les anciens ennemis deviennent alliés. La France qui avoit combattu avec la Savoye combattit contre elle, & la Savoye qui dans la premiere guerre avoit ménagé à la France ses succès, fut dans celle-ci la principale cause de ses désastres. Inutilement la fortune parut-elle lui accorder les premiers triomphes, les Alpes, ces hautes citadelles du monde, s'applanissent devant elle. Les marches sont trop lentes, les siéges sont trop longs pour des François, ils franchissent & prennent tout d'assaut. Mais les plaines de Plaisance furent bientôt le terme de leur fortune, & c'est un chef-d'œuvre de l'art Militaire que la retraite qui sauvera les débris de leurs armées. Ils virent dans leur fuite qu'il n'appartient qu'à Charles de rendre solide en Italie les succès les plus brillans. C'étoit toujours en lui la même science des combinaisons, la même prudence dans les conseils, & la même intrépidité dans l'attaque & la défense, & trop sans doute puisqu'il exposoit quelquefois témérairement sa personne. Mais pour donner

ner une idée de ſes victoires, il faut le prendre dans ſes revers mêmes. Vous vous rappellez tous, Meſſieurs, Coni... aſſiégé par
les François & les Eſpagnols, le Roi les
attaque dans leurs lignes. Jamais entrepriſe
ne fut conduite avec plus d'avantage pour
lui, & plus de dangers pour eux : Leur défaite devoit être complette, cependant la
fortune leur donna la Victoire..... Mais
quelle Victoire ! elle leur valut le triſte loiſir
de conſidérer ſur le champ de bataille la
foule de leurs morts. Le ſiége fut levé, &
l'armée victorieuſe rentra bientôt en France
pour y réparer ſes pertes.

Il eſt inutile de vous parler davantage de
ſiéges & de combats, d'ennemis chaſſés de nos
frontieres&pourſuivisjuſquesdansleursfoyers.
Nous en avons été les témoins, ou bien nos
Peres nous en entretiennent tous les jours. Laiſſons les étrangers s'inſtruire de ces campagnes
fameuſes, laiſſons les guerriers les admirer
ſelon toutes les regles de l'art ; pour nous
admirons-les par les ſuccès, par la conſidéra-
tion de la nation, par la gloire du Roi, par
les nouvelles poſſeſſions ajoutées aux ancien-
nes, & par la paix enfin, l'heureuſe paix qui
deſcendue du ciel s'eſt aſſiſe ſur le Trône
pour y régner à jamais. En vain l'Europe a
retenti du bruit des armes, Charles mépri-
ſant d'ajouter de nouveaux lauriers à ſa couronne, ne s'eſt point laiſſé éblouir par des
penſées ambitieuſes, & même quand les nations
laſſées de leur guerre ont entendu la voix
d'un

d'un Roi pacifique , une partie de l'Europe a reçu de fes mains le calme & le repos dont elle jouit.

Si la renommée publie rapidement la gloire des combats , la gloire de la paix , quoique plus lente , eft encore plus durable. La fageffe de Salomon eft publiée dans l'univers & lui attire des hommages de l'extrémité de l'Orient. Les guerres font les plaies & les maladies du monde , & les nations périffent lentement de leur fuite. Mais comme nous n'avions combattu que pour la paix , que l'efprit de juftice & de prudence avoit exercé nos forces fans les épuifer , après l'orage le calme & le bonheur fe firent fentir en même-temps. Que de héros dans les combats ! mais c'eft de retour dans leur palais qu'il eft trifte de les connoître , & qu'il eft glorieux pour nous de vous montrer notre Souverain. N'attendez pas , M. F., des idées profondes & des plans fur le gouvernement : l'Evangile ne nous donne pas de fyftêmes, mais des vertus & des mœurs , & c'eft tout nous donner ; car il prefcrit des devoirs au Prince & au Sujet ; que ces devoirs foient obfervés , & toutes les différentes légiflations ne feront que différentes manieres d'être heureux. Jugeons les vertus pacifiques comme nous avons fait les guerriers, laiffons les caufes & voyons les effets , le pays le plus heureux fera le mieux gouverné, & fans vouloir tracer aux aigles leur route dans l'immenfité des airs ,

je

je prétens aujourd'hui vous révéler le myſtère impénétrable des Cours.

La politique n'eſt une ſcience & profonde & ſublime que dans les empires en déſordre. Elle eſt toute ſimple à Turin. Le Prince en a dévoilé le ſecret. Ayons des Rois l'idée qu'il en avoit ; placés au-deſſus de leurs ſujets pour leurs ſujets ſeuls, ils leur doivent la guerre pour la ſûreté, & la paix pour le bonheur. Voilà ſes maximes qui plus développées nous ont fait connoître que quand il eſt en paix avec ſes voiſins, le peuple ne doit pas ſe croire en guerre par le poids éternel des impôts ; que ſi le laboureur ſeme, il doit auſſi moiſſonner ; qu'il faut protéger & encourager l'induſtrie, faire bénir aux Meres leur fécondité, faire reſpecter les Loix, & aſſurer leur regne par celui des mœurs. Voilà la Politique de Charles, & toute autre ſcience avec ſes profondeurs, n'étoit, ſelon lui, qu'un mot inventé pour ne pas donner aux crimes le nom qui leur convient. » Donnez-nous un Roi qui nous juge, *da nobis Regem, ut judicet nos*, 1. Reg. ch. 8. v. 20. diſoient autrefois les Iſraélites. Dieu nous l'envoya dans ſa bonté ; & qui jamais remplit mieux cette auguſte fonction de juge ? Ses prédéceſſeurs avoient fait des loix, mais elles étoient éparſes ; il les raſſemble, ajoute les ſiennes & les publie dans ſes Etats : il a mis le Livre de la Loi entre nos mains, il nous eſt facile de nous juger nous-mêmes, car les Magiſtrats n'avoient pas le droit de faire des

B   Loix

Loix, en s'arrogeant le droit de les interpréter; & quand elles n'étoient pas affez conçues, Charles, comme le fouverain Magiftrat de fon Royaume, s'étoit réfervé le privilége de fe faire mieux entendre.

Mais la clarté des Loix, l'uniformité de la Juftice, ne font rien fans la célérité. Les Juges prévaricateurs par lenteur comme par corruption étoient également punis. La Juftice étoit univerfelle & populaire; fon temple fouvent ailleurs inacceffible au malheureux fans appui, & l'afyle de l'oppreffeur riche & puiffant étoit plus particulierement ouvert aux pupilles, aux veuves & aux pauvres; ils y trouvoient des défenfeurs confacrés à élever la voix pour leur défenfe, & des Juges redoublant alors de célérité & de défintéreffement. Nos perfonnes n'étoient pas moins refpectées que nos biens, & les emprifonnemens légers ou injuftes; les accufations, & les détentions fans preuve étoient encore inconnues parmi nous. Nous refpirons en effet avec une liberté qui indique bien la mutuelle confiance du Maître & des Sujets. Cette heureufe fécurité pourroit-elle fe goûter fous le joug de l'oppreffion pour qui tous les opprimés font dèslors fufpects & coupables? L'expreffion naturelle de leurs maux, le fentiment intime & profond de leur mifere, eft à fes yeux un mouvement & un cri de fédition. Sans ceffe inquiete & alarmée, les écrits les plus innocens, les paroles vagues font des fyftêmes dangereux ou des crimes clairs. La peinture la

plus

plus générale des vices, la defcription la plus naïve des vertus & du bonheur lui paroiffent des allufions, ou des cenfures directes; fi l'on parle on eft criminel, fi l'on fe tait l'on n'eft innocent ; les penfées fecrettes font encore recherchées par la défiance, & les foupçons... & les foupçons fuffifent. Au lieu de fe repofer, la tyrannie après avoir tout flétri & ôté à toutes les ames leurs refforts, aime bien mieux le leur fuppofer toujours, pour toujours conferver le droit de foupçonner & de punir.

Les regards paternels du Prince fe portoient jufque fur les lieux d'où la pitié paroît bannie, & les prifons n'étoient pas des lieux de fupplice, mais d'attente & de jugement : ceux même qui avoient violé par quelque crime la majefté des loix n'y périffoient pas d'avance dans la mifere & les ténébres avant que les loix les euffent folemnellement frappés ; & le défefpoir étoit banni de ces lieux, parce qu'on étoit fûr de ne mourir qu'une fois. Malheureux enfin, ou criminels même, à mefure que la terre s'armoit contr'eux, le ciel venoit à leur fecours, & nous allions exercer parmi eux un miniftere qui ne fut jamais ni plus refpectable ni plus néceffaire, & nous leur portions les fecours de l'Eglife avec une égale confolation pour eux comme pour nous.

Ce n'eft pas affez, M. F., que nos biens & nos perfonnes foient affurées entre nous; il ne nous fuffit pas de nous refpecter mutuellement, & que le laboureur n'ait pas fon voifin à craindre, il faut encore qu'il n'ait pas

B 2   fon

son Prince à redouter : & qui jamais nous respecta plus que notre équitable Monarque ? Dans toutes ses loix sa volonté seule arbitraire, irrévocable, irrésistible s'est-elle fait entendre ? n'a-t-il pas au contraire toujours regardé comme inviolables & sacrés les priviléges de nos communes, les titres anciens, les possessions légitimes & immémoriales ? Ah ! rendons hommage à son ame, il n'étoit pas de ces hommes qui n'eussent protégé la vigne de Naboth que pour l'envahir ensuite plus entiere, tels que ces monstres des forêts qui ne défendent leur proie contre les autres animaux que pour être seuls à la déchirer.

Nous sçavons tous, M. F., que le Prince chargé de veiller à notre défense a des droits naturels à notre reconnoissance. Mais Charles ne vouloit recevoir de nous que la partie de nos biens nécessaire pour assurer la paisible possession du reste. Il ne demandoit à la terre qu'à raison de sa fécondité : l'évaluation des forces régloit toujours celle des impositions le plus également réparties & le plus facilement perçues; chacun de nous portoit pour ainsi dire lui-même son hommage, & voyoit avec joie César recevoir de ses propres mains le tribut qui lui étoit dû : trop juste, trop ami de l'humanité pour interposer entre lui & son peuple une armée de brigands qui n'eussent fait qu'intercepter nos justes contributions, & détourner les torrens qui vont se décharger dans le trésor public. Au lieu de la douleur de voir nos dépouilles en des

mains

mains étrangeres , au lieu du scandale de ces
fortunes immenses accumulées dans les sour-
ces publiques , la veuve étoit sûre de voir
même son denier arriver jusqu'aux pieds du
Trône. Mais si quelquefois le Ciel refusoit
sa rosée, & si la terre fermoit son sein , on
ne nous punissoit pas de sa stérilité. On ne
voyoit pas dans le sein de la paix l'image de
la guerre la plus affreuse , des barbares répandus dans nos campagnes pour enlever au
laboureur l'instrument de ses travaux , & ar-
racher à la mere éplorée le lit où reposent ses
enfans. Jamais on n'entendit les satellites sans
pitié de Pharaon nous dire comme autrefois
au Peuple de Dieu, » allez & moissonnez com-
» me vous pourrez, on ne diminuera rien de
» votre fardeau ; *ite & colligite ubi poteritis ,*
» *nec minuetur quidquam de opere vestro.* Exode
ch. 5. Ah ! c'est alors que Charles comme le
sage Joseph ayant dans les années d'abondance prévu les années de stérilité, distribuoit à
l'Egypte les secours qu'une prévoyante économie lui avoit ménagés.

Ainsi nous étions toujours sûrs de le trouver dans nos besoins ; il ne suffisoit pas même
à son cœur que son peuple ne pérît pas, faute
des premiers coups, son ambition étoit encore
de lui procurer l'abondance. Il s'occupoit
de donner à la terre plus de citoyens, &
aux citoyens par-là plus de productions de
la terre. Jamais on n'étoit assez pauvre pour
craindre une union légitime & une heureuse
fécondité , les Bénédictions du Ciel , les ré-

compenses

compenses du Prince en étoient le prix , & les générations nombreuses enrichissoient les peres de famille. La terre en voyant augmenter ses habitans , ne voyoit pas non plus diminuer ses cultivateurs , & sous prétexte de la défendre , on ne lui enlevoit pas une jeunesse vigoureuse pour ne lui laisser que le rebut de l'espece. Il faut sans doute des soldats, & Charles dans ses guerres n'en a-t-il pas montré à ses ennemis ? Mais éloigné des systêmes & des nouveautés dangereuses, il n'avoit que les vues saines des plus sages législations de l'antiquité. Il n'adopta pas une constitution purement militaire, qui ne peut être que momentanée. Il abandonna aux nations légeres à chercher des supplémens à l'impéritie de leurs Capitaines , & il méprisoit cette tactique mécanique, qui ne dirigeant que le corps des soldats & paroissant pouvoir se passer de leur ame , prépare sûrement des transfuges ou des lâches.

Il sçavoit que le citoyen Romain étoit soldat & laboureur , que ces grandes armées rassemblées dans la paix deviennent étrangeres dans leur propre pays, & n'ont tout au plus que l'amour du corps, bien inférieur à celui des foyers. Content d'un certain nombre de vieilles bandes, il comptoit également sur une milice citoyenne , qui répandue dans les campagnes, viendroit au premier signal joindre ses intérêts à ceux du Prince. Béni soit à jamais ce Prince , pour avoir rendu à son peuple la justice de croire qu'un citoyen laborieux

laborieux & actif, animé du double amour de
la Patrie & du Roi, feroit bientôt, fous un
chef comme lui, un foldat aguerri & intré-
pide.

Après avoir porté fes regards fur les champs
& leurs habitans, il les portoit auffi fur les
Villes. Une partie de fes fujets vit dans les
campagnes, & du travail de fon corps; une
autre vit dans les Villes, & pour ainfi dire
des facultés de fon ame. Il faut donc enchaî-
ner les befoins, rendre les êtres dépendans,
établir une communication univerfelle. Et
c'eft dans cet art qu'il falloit l'admirer, foit
dans fes réglemens par la circulation inté-
rieure, foit dans l'encouragement de l'induf-
trie & du commerce; lorfqu'il cherchoit à
nous ouvrir les mers, ou que par de fages
prohibitions, nos productions devenues né-
ceffaires à nos voifins, & nous fuffifant à nous-
mêmes, ils n'euffent en échange à nous donner que leur or.

Si les vallées & les plaines fécondes ont
des Rois, les déferts & les montagnes ftéri-
riles font-ils faits pour en avoir? oui fans
doute, le Berceau de fes peres lui étoit auffi
cher que leurs conquêtes, & l'aride Savoye
n'étoit pas moins de fon Royaume que la
fertile Lombardie. N'avons-nous pas tous
les mêmes loix, & la même juftice? Citez-
moi parmi vous un homme qui ait mérité
d'être diftingué, & qui ne l'ait pas été. Que
la foule obfcure & fans talent ceffe donc de
fuppofer une injufte prédilection. Car s'il

B 4   s'agit

s'agit de ces graces que le Prince verfe plus
particuliérement autour de lui , je vais vous
dire une vérité qui vous étonnera. C'eſt que
les habitans d'une terre fauvage ne doivent
pas être trop accueillis fous un ciel plus
heureux : dégoûtés alors des torrens qui fe
précipitent de nos montagnes , & des rochers
qui menacent nos têtes , nous irions tous
ramper autour du Trône. Le Roi ne fut
jamais que juſte , & un excès de bienfaiſance
nous auroit dépouillé de l'amour de la patrie,
de ces vertus actives qu'on ne voit pas dans
un climat moins févere, & qui nous donnent
un caractere honorable parmi les autres nations ; je veux louer ma patrie même par ce
qui l'avilit aux yeux de la multitude, mais
l'éleve aux yeux des fages.

Ce n'eſt pas parmi nous qu'on vit la cupi-
dité faire voile vers les pôles du monde pour
aller chercher les ornemens du luxe , les
poiſons de la ſenſualité, & l'or enfin, cette ame
de l'univers. Seulement quand la rigueur de
la faiſon fufpend notre activité elle prend une
nouvelle forme. Répandus chez nos voiſins
avec les animaux même de nos montagnes ,
nous faiſons chez eux une nouvelle moiſſon.
Ils croient voir des malheureux chaſſés par
la miſere ; ils le croient aiſément, eux qui
voient fouvent dans un pays plus abondant
des émigrations fréquentes & durables. Mais
aux premiers rayons du Soleil , nous les quit-
tons , & le fage voit repartir une nation labo-
rieuſe, que l'induſtrie & jamais l'indigence fait

ſortir

fortir de chez elle pour aller vendre pendant
l'hiver un tems inutile à fa patrie.

Après avoir vu Salomon dans fa fageffe,
confidérons-le un peu dans fa magnificence. Allez à la Cour, defcendez à cette ville, qui a l'air d'un immenfe & fomptueux
pa'ais, ce n'eft point la Capitale du Piémont,
c'eft fans doute celle de toute l'Italie. Si ces
édifices réguliers & magnifiques vous éblouif-
fent au premier coup d'œil, qu'ils ne vous
affligent pas enfuite, quoiqu'ils paroiffent
furpaffer les richefles & les forces du Prince.
Entrez dans fon Palais, & raffurez vous en
contemplant le maître qui l'habite, en voyant
la fimplicité & la gravité de fa perfonne au
milieu de l'éclat & des grandeurs. Vous ap-
prendrez à connoître quel eft ce luxe honorable
qui éleve l'ame loin de l'amollir, & que nous
pouvons appeller le luxe public des villes & des
nations. Vous le diftinguerez alors de ce
luxe perfonnel & domeftique qui fe confume
dans la profufion des tables, dans la recher-
che ignoble des commodités, dans la fcience
ruineufe de la volupté, dans la foule d'ef-
claves fans office, & dans la diffipation d'un
tréfor livré au pillage. C'eft vraiment là ce
luxe que l'hiftoire nous peint comme le cor-
rupteur des mœurs publiques, & le précur-
feur de la décadence des empires; car pour
les paffions nobles des établiffemens utiles,
des monumens durables, elles ne font qu'im-
mortalifer la grandeur des Nations & des Rois.
Voilà la magnificence digne des grandes ames,
                                                      qui

qui étonne les voyageurs & leur exagere notre puiſſance.

Ce n'eſt pas qu'on eût jamais converti en pierre le pain du pauvre, & la ſubſiſtance du peuple, & comme ce fameux Roi d'Egypte qui faiſoit graver ſur tous ſes monumens qu'aucun Egyptien n'y avoit conſumé ſes forces, nous pouvons auſſi graver ſur les nôtres, que nos Princes ont trouvé des reſſources immenſes pour l'utilité publique & la magnificence nationale dans une économie héréditaire, qui n'engloutit pas des provinces entieres dans la diſſolution & les caprices des paſſions obſcures & paſſageres. O précieuſe vertu qui en établiſſant dans l'Etat l'ordre qui regne dans une famille, ſuffit à tous les beſoins, & remplit encore le Tréſor public ! Mais, avouons-le, M. F., l'or & l'argent n'étoient pas ſes ſeules richeſſes, l'honneur a encore une valeur parmi nous, il eſt la récompenſe des talens, & les dignités & les emplois importans ſont plutôt le chemin de la gloire que de la fortune. Ce n'eſt pas que quand il falloit être Roi, ſe montrer avec tout l'éclat de la Royauté à la foule qui veut être éblouie, ſon Trône ne fût entouré d'une Cour brillante & nombreuſe : mais Charles, rendu à lui-même, devenoit particulier, rentroit tranquillement dans le ſein de ſa famille ; & comme il étoit trop laborieux pour avoir le temps d'être voluptueux, les plaiſirs purs ſuffiſoient à ſon ame, & lui paroiſſoient toujours nouveaux. La ſimplicité & la frugalité même

ne

ne font pas feulement les vertus des fujets ;
elles étoient felon lui encore plus celles des
Rois. ,

Souvent dépouillé du Diadême , il aimoit
à fe perdre dans la foule pour l'obferver : on
le trouvoit à la porte de fon palais , fur la
place publique fans cette fuite & ces gardes ,
qui armés par la défiance font cependant
toujours impuiffans contre l'audace. Sa fû-
reté étoit dans le cœur de fes fujets ; & comme la majefté & la dignité des Rois ne font
pas dans un cortege nombreux, elles réfidoient
fur fon front & dans fon ame. L'indigent
qui n'a que du pain à demander, peut-il jamais
ailleurs aller aborder les Rois ? C'eft un
objet trop trifte & trop importun , qu'il eft
bon d'éloigner : le Trône n'eft acceffible
qu'aux Grands qui ont des richeffes & des
honneurs à folliciter. Pour les vrais Rois,
pour le nôtre, qu'un de fes fujets eût voulu
le voir , il l'eût vu , non à travers des gardes
repouffans : qu'il eût même voulu lui parler , appeller à lui comme au fuprême Magiftrat , toutes les portes du palais étoient toujours ouvertes. Moi-même , Pafteur obfcur,
qui né d'une baffe condition , n'ai parmi
vous que la confidération que mon miniftere
& votre piété me donnent, conduit par la
néceffité à Turin, je crus n'y être vu que de
Dieu feul , parce que tous les êtres lui font
égaux : mais placé fur le paffage du Roi,
comme s'il eût eu le nom de tous fes fujets
dans la mémoire, comme il les a dans le cœur,

il

il m'interroge, il m'inspire une confiance que je n'aurois pas avec les plus considérables d'entre vous : Et après cet entretien, tout étonné de sa bonté & de mon assurance, je me vantai pour nous tous, que si les autres nations ont des Rois que l'on voit, nous en avons un à qui l'on parle.

Il ne craignoit pas d'être avec les hommes, de converser avec eux, soit dans ses travaux lorsqu'il s'asséyoit sur le Trône pour entendre Israël & le juger, soit dans le repos même; & au lieu de se dérober aux regards, au lieu de se cacher dans le fond de son pa'ais pour y chercher une obscure volupté, il aimoit à se montrer, & un de ses délassemens étoit dans les beaux jours de se confondre avec sa famille au milieu de son peuple dans les promenades publiques. Et c'est effectivement moins les palais que la place publique qui est le vrai domicile des Rois : aussi par-tout où on portoit ses pas, on le trouvoit, lui ou son image. Allez dans la Ville, vous trouverez l'ordre & la discipline; entrez dans les familles, vous y verrez régner l'harmonie, l'observation de la Loi & les Commandemens; pénétrez dans les temples, c'est vraiment là que les jours de fêtes sont des jours de repos, & méritent le nom de jour du Seigneur. Quoique jusqu'ici nous ne vous ayons parlé que force, conseils & sagesse humaine, vous aurez toujours reconnu la sagesse divine qui en étoit la source auguste. *Nec in exercitu, nec in robore, sed in spiritu meo, dicit Dominus exercituum.*

cituum. C'eft à vous, ô Sainte Religion, qu'il faut en rendre hommage : jamais Prince ne fçut mieux, qu'elle feule peut rendre les empires durables, & que c'eft fous la protection du Ciel qu'il faut les mettre pour en affurer la profpérité : fans ce folide fondement les empires les plus floriffants ne font que ce Coloffe du Prophête, à la tête d'or, aux bras & à la poitrine d'argent, au corps d'airain, aux jambes de fer, mais aux pieds d'argile. Une petite pierre détachée par hafard de la montagne eft venue le frapper dans ces bafes fragiles ; l'immenfe Coloffe eft tombé : la fumée d'une paille légere n'eft pas plutôt emportée par le vent.

Il eft peut-être le feul Roi qui puiffe fe glo- fier devant Dieu, que dans la corruption univerfelle qui inonde l'Europe, fa fageffe feule en a préfervé fes Etats. C'eft le peuple choifi au milieu de la corruption de l'Egypte : & les voyageurs même peuvent nous rendre la juftice que fi on leur a peint la délicieufe Italie comme le féjour de la volupté, com- me un ciel dangereux pour l'innocence, ils n'ont au moins refpiré à Turin que l'air pur de la vertu. Je ferai hardiment, M. F. ma profeffion de foi au nom de toute la nation : nous voyons dans la marche de l'univers la main puiffante qui lui donne le mouvement : après avoir admiré fa grandeur dans le vafte firmament, nous l'admirons encore dans l'ordre des fociétés, dans le fein de nos familles, & dans nous-mêmes : fa bonté en

nous

nous donnant l'être ne nous a pas projettés
au hafard fur ce globe ; mais elle nous y fuit
à chaque inftant. Il a daigné nous inftruire
de nos illuftres deftinées, & pour nous rap-
procher encore plus de lui, il nous a com-
muniqué les hommages & le culte que nous
devons lui rendre. Voilà, M. F., une profeffion de foi qu'on peut faire fans honte dans
ce feul Royaume. Car nous ne connoiffons
point cette fageffe orgueilleufe qui rougit du
Symbole comme d'une foibleffe, qui ne voit
que le hafard dans l'harmonie de l'univers,
ou qui veut bien lui donner un maître, pour-
vu qu'il foit indolent & qu'il méprife fes ou-
vrages. Loin de nous cette fageffe, qui, en
attaquant les pratiques & la croyance refpectable de l'antiquité, ne s'appuie que fur
des fyftêmes deftructeurs ; & démoliffant les
édifices anciens, entaffe ruines fur ruines, &
laiffe après le naufrage des malheureux fans
afyle & fans port flotter triftement fur la va-
gue. S'il eft autour de nous des nations mal-
heureufes où regnent le défordre & l'impiété, fermons nos portes & gardons nos frontieres, de peur que la contagion n'arrive jufqu'à nous ; ou plutôt que tout leur foit ouvert, puifque le monde n'eft qu'une famille,
& qu'ils font nos freres. Qu'ils viennent,
& qu'ils voient s'il y a moins d'ordre & de
bonheur fous l'empire de la Religion que fous
celui de leurs paffions & de leurs folles penfées. C'eft alors qu'ils s'uniront à nous pour
rendre des graces immortelles au Dieu qui
nous

nous gouverne, & au fidele dépofitaire de fa puiffance fur la terre.

Ne nous abufons point, s'il regne parmi nous plus de religion, c'eft que notre Prince eft plus religieux, & les vertus de fon peuple font fon ouvrage. Pour nous Miniftres de l'Evangile nous vous annonçons la parole de Dieu, nous vous parlons des vertus à acquérir, & les vertus ne s'acquierent pas : nous vous dénonçons les vices à corriger, & les vices reftent. Mais c'étoit Charles qui confommoit notre miniftere : cette parole qui n'eft qu'un fon dans notre bouche, devenoit tranchante entre fes mains comme le glaive de l'Apôtre. Ce n'étoit plus le zele impuiffant du miniftre, c'eft le feu qui confume : un de fes regards arrêtoit mille vices prêts à éclorre, ranimoit mille vertus languiffantes, non-feulement dans les bornes refferrées de fa Cour, mais dans la vafte enceinte de fes Etats. L'exemple qu'accompagne la majefté du Trône, d'homme à homme, de cité en cité, de ville en ville, rend le Prince actif même où il n'eft pas. Il étoit comme préfent à toutes les familles & à toutes les perfonnes, & chacun marchoit dans la voie des Loix & des commandemens par amour de l'ordre ou par la crainte de rencontrer le Prince fur fon paffage. *Et fecit omnes qui refidui erant in Ifrael, fervire Domino Deo fuo.* 2. Para. ch. 34. C'eft un point, M. F., fur lequel je vous demande à vous-mêmes votre témoignage. Avez-vous quelquefois entendu

tendu ces dogmes facrés, dont tout chrétien
ne parle que profterné, devenir le fujet des
converfations frivoles ? Quelqu'un parmi vous
a-t-il lu ces écrits licentieux que l'impiété ré-
pand au loin, pour inftruire du moins ceux
qui ne peuvent entendre fa voix ? Enfin a-t-on
jamais vu la terre s'élever contre le ciel,
citer impérieufement à fes tribunaux le Maître
du monde, & vomir contre lui fes arrêts
blafphémateurs ? Jamais un tel fpeétacle n'a
affligé vos regards, & l'impiété & fes œuvres
ont trouvé dans le Roi la même vigilance que
fi l'ennemi eût été aux portes de nos Villes :
& fous le regne du pieux Jofias perfonne n'eft
forti de Jérufalem pour aller confulter les faux
Prophêtes, ou facrifier aux faux Dieux.
*Cunétis diebus ejus nec recefferunt à Domino
Deo patrum fuorum.*

Pour nous confacrés au culte de l'autel,
nous lui devons plus particuliérement ce que
nous fommes ; tel que le Saint Roi Ezéchias,
il veilloit fur le fanétuaire, il rappelloit à la
tribu Sainte fa vocation, & l'avertiffoit d'of-
frir un encens pur au Seigneur, & d'acquitter
envers le peuple ce qu'il étoit en droit d'attendre d'elle : fçavoir, l'inftruétion & l'exemple plus puiffant encore ; *audite ea, Leviti,
& fanétificamini.* Auffi honorez-nous, M. F.,
& rendez-nous le jufte témoignage que les
Pafteurs ont toujours été à leurs troupeaux,
les Pontifes à leurs églifes, & rarement dans
les palais des grands. Dites-nous fi l'abomi-
nation dont parle le Prophête, s'eft renouvellée

dans

dans le lieu faint ; & fi jamais l'on a vu les
jeunes Lévites attendre dans les voies corrom-
pues de Madian l'âge de l'ambition & des
honneurs, & les vieux Pontifes aller fléchir le
genou devant l'idole que Nabuchodonofor a
élevée dans fon palais ?

Le Roi ne fut zélateur de la Loi, que
parce qu'il en étoit lui-même rigide obfer-
vateur, & la Religion étoit pour lui comme
pour fes fujets. Pardonnez-moi, M. F., de
revenir encore fur la même idée ; mais elle
eft trop affligeante pour ne pas vous en parler. La Philofophie que je n'ai appellé
qu'infenfée, quand elle rompt toute communication entre la Terre & le Ciel, je l'appelle
actuellement barbare, quand elle relegue la
Religion parmi le peuple comme la reffource
des ames foibles & groffieres. La fageffe
humaine ne travaille pas pour le bonheur du
monde, mais bien pour les tyrans. S'il faut
un frein pour fecouer le joug, n'en faut-il
pas un pour ne pas l'aggraver ? Les tyrans
ne laifferoient donc prêcher notre Doctrine fa-
crée, que parce qu'elle prêche l'obéiffance due
aux Princes, & leur donne par-là un moyen
de plus de nous opprimer. Pour Charles il
ne protégeoit que fa propre foi, & il fut lui-
même fidele adorateur fans préjugés, fans
foibleffe. Il eût fans doute dépofé fur l'autel
fa Couronne comme une offrande au Roi des
Rois : mais fi Dieu a mis les clefs du Ciel
entre les mains de fes Pontifes, il s'eft réfervé
le droit de tranfporter les couronnes & de bri-

C   fer

fer les fceptres. Auffi Charles foumis & refpectueux envers le fucceffeur de S. Pierre, comme
chef de l'Eglife & centre de l'unité, lui réfifta-t-
il comme Prince du Siécle pour ne pasdégrader
les droits légitimes de fon Trône. Egalement
éloigné de l'impiété qui brife les autels, &
de l'indolence qui néglige leur culte, & de
la fuperftition qui fe profterne devant eux
pour n'adorer que fes phantômes ; il n'é-
toit pas non plus de ces lâches qui, je l'a-
voue, tout auffi refpectueufement que les
juftes, courbent leurs corps devant l'arche du
Seigneur ; mais dont le cœur abfent va fecré-
tement facrifier aux idoles. Ils ont la foi,
mais cette foi qui n'ôte ni un vice, ni une feule
paffion, ils veulent bien la retenir, mais comme l'efpérance de l'avenir & la reffource de
la vieilleffe ; parce qu'alors ils appelleront les
Prêtres du Seigneur pour venir leur parler
feulement de la grandeur de fes miféricordes
& de fes récompenfes. Charles étoit trop ma-
gnanime pour réferver à fon Maître les reftes
d'un cœur ufé & les hommages de la décrépi-
tude : nous n'avons dans fa vie aucun tems
de défordre, aucun moment de licence à ex-
cufer. Même dans fes premieres années où il
fe préparoit au Trône, il parut digne d'y
monter, & fon adoption prématurée fera le
feul éloge que nous ferons de fa jeuneffe.

Vous ne vous attendez pas, M. F., qu'a-
près cette vie laborieufe & chrétienne, nous
ayons à vous parler de fa mort autrement que
par

par nos regrets. Ce n'eſt pas ſur Jéruſalem
qu'il faut verſer des larmes, mais bien ſur
nous-mêmes. Vous-ſentez que ſa fin n'eſt
pas celle des vieux pécheurs dont je vous en-
tretenois tout-à-l'heure, qui ayant à expier
une vie longue & criminelle par une courte
pénitence, multiplient les pratiques, accumu-
lent les ſecours de l'Egliſe, & comme s'ils ſe
ſentoient déjà tomber dans l'abyme, pouſſent
à grands cris de longs gémiſſemens. A l'exemple de l'impie Antiochus, ils promettent un
temple au Seigneur, comme ſi le Seigneur avoit
beſoin de leur temple: & généreux au moment
de tout perdre, ils lui donneroient leur empire
& l'univers entier, comme ſi leur empire &
l'univers entier, n'avoient pas de tout tems été
à lui. Mais pour Charles voyez un autre
ſpectacle; c'eſt le modele des vrais Chrétiens.
Averti de ſa fin comme les juſtes le ſont dès
leur naiſſance, depuis long tems il étoit tous les
jours prêt. Le moment fatal pour nous étant
arrivé, il appella le Seigneur à ſon ſecours,
& le Seigneur vint le viſiter & le fortifier.
Les Miniſtres de l'autel tranquilles ſur ſon ſort
furent les paiſibles témoins de ſon ſommeil,
& il entra doucement dans la mort.

C'eſt maintenant que deſcendu dans le
tombeau; dépoſſédé du Trône & hors des
fonctions de la Royauté, le Miniſtre de l'E-
vangile vient ſuppléer ſa voix éteinte, &
vous demander pour lui votre témoignage,
comme autrefois Samuel à la fin de ſa carriere
diſoit au peuple d'Iſraël de l'accuſer devant

le Seigneur fur fon adminiſtration. O vous tous
qui avez vécu fous fon empire, venez donc
dépoſ r dans cette enquête folemnelle. J'en-
tends déjà, M. F., du milieu de fon palais
& de fa cour les murmures d'une foule de
courtiſans qui viennent l'accuſer, que leur
affiduité fut toujours inftruétueuſe; que, comme s'ils n'euſſent point fait une claſſe diſtin-
guée, les graces les plus légeres étoient encore
pour eux miſes dans la balance, que fon ame
auftere & infenfible, plus jalouſe d'inſpirer la
crainte que l'amour, répandoit fur toute fa cour
les voiles d'une fombre triſteſſe. Grand Prince!
qu'il me foit permis d'évoquer aujourd'hui
votre ombre, comme autrefois le fut celle de
Samuël, pour m'apprendre ce qu'il faut leur
répondre. *Vocavi ergo te, ut oftenderes mihi
quid faciam.* 1. Reg. ch. 28. Ah! fa voix nous
crie du fond de fon tombeau qu'il n'a jamais
accordé de graces, parce qu'il n'en a jamais eu
en fon pouvoir; que tout eſt juſtice fous les
Rois juſtes, fi tout eſt grace fous les tyrans;
qu'il n'a jamais enrichi ou décoré l'inutile cour-
tifan, dont le feul mérite étoit de vieillir fous
fes yeux; que fa cour étoit fombre parce que
les mœurs & l'innocence n'offrent que de
triſtes plaiſirs au fiecle corrompu, que fon
viſage févere inſpiroit la terreur aux brigues
indifcretes, aux demandes importunes; mais
la confiance aux follicitations juſtes & con-
venables. Voilà, voilà donc, M. F., cette
infenfible auſtérité. Appellons - la plutôt du
nom augufte qui lui convient: c'eſt l'amour
fort,

fort, l'amour inébranlable de la justice par
qui seul les grands Rois sont, & sans le quel
on peut gagner des batailles, faire des Loix &
des réglemens, avoir des momens de bienfai-
sance & d'humanité, & toutefois être un op-
presseur. Car pour les victoires, quand le ha-
sard même ne les donneroit pas, la guerre
dans ses plus grands succès n'est qu'un état
violent, dont les meilleurs Rois ne font qu'a-
doucir les rigueurs. Les conquérans sont les
fleaux du monde, leur gloire est pour la pos-
térité & la misere pour leur siecle. L'histoire
ne nous offre que des états ruinés par les conquêtes & la gloire de leurs propres maîtres :
quant aux Loix, tous les pays n'en ont que
trop & d'assez bonnes : Claude n'en fit-il
pas d'équitables ; mais que font-elles sans le
courage qui les fait observer, ou plutôt sans
les mœurs qui les rendent inutiles ? Enfin pour
ces instans de vertu qu'on ne nous en parle
pas, nous ne connoissons que les vertus for-
tes & puissamment actives, les Rois méchans
& les Rois foibles font également des tyrans :
les uns font les maux du peuple, les autres
les laissent faire. Oui, Messieurs, les talens &
les vertus ne font rien que par la force &
l'énergie de l'ame : c'est-là le dernier trait
qui nous peint celle de Charles ; c'est le centre où toutes les vertus éparses dans ce dis-
cours viendront prendre & leur caractere &
leurs formes. C'est ce qui avoit comme élevé
au milieu de la nation un tribunal suprême
dont relevoient tous les autres : où les coupa-

bles

bles les plus illuſtres étoient jugés , d'où tous les dépoſitaires de la puiſſance étoient obſervés dans leurs fonctions , parce que l'autorité ne leur étoit que confiée , ſans être jamais aliénée & qu'on faiſoit redouter les emplois & les dignités à ceux qui n'étoient pas capables de les remplir.

O précieuſe ſévérité ſans laquelle nous ne le louerions pas aujourd'hui ; parce qu'autrement, l'idole de ſa cour, verſant ſes graces ſur tout ce qui l'environne , marquant ſi l'on veut tous les jours de ſon regne par quelque nouveau bienfait , il eût été Roi de ſes courtiſans, mais il n'eût pas été le nôtre. C'étoit dans ſon ame qu'étoit la baſe de notre amour pour lui : de cet amour du peuple pour ſon Prince, qui n'eſt que trop ſouvent ailleurs le tranſport des premieres eſpérances que la flatterie veut encore faire valoir quand tout eſt évanoui. Comment du fond d'un empire s'enthouſiaſmer pour un inconnu que les dépoſitaires de ſon pouvoir ne rendent que trop ſouvent odieux ? Ah ! cet amour dans toute ſa vigueur eſt réſervé à nos climats. Il vous ſuffiroit ſans doute que ſon ame eût été remplie de ces grands, de ces généreux mouvemens d'une humanité univerſelle; mais j'aime à vous apprendre qu'elle étoit encore ouverte à la ſenſibilité domeſtique , & qu'elle avoit beſoin de ces doux ſentimens de confiance , d'attendriſſement & de larmes. J'en atteſte ſes fidéles amis ; oui ſes amis : jamais ce mot ne fut plus convenable ; car un cœur ferme & généreux

néreux n'en fait que de fincéres, pendant que
la foibleffe & la prodigalité ne font que des
ingrats. J'en appelle à témoins fes illuftres
compagnes dans les nœuds légitimes, que la
mort vint diffoudre plufieurs fois, & que plufieurs fois le refpeét pour les mœurs fit
renouer.

Achevons, M. F., ce jugement folemnel
que nous avons commencé. Les Egyptiens
faifoient ainfi le procès à leurs Rois, & leur
refufoient fouvent la fépulture. Puifque le nôtre n'a pas voulu couvrir quelques favoris des
dépouilles de la multitude, puifqu'il a pré-
féré les bénédiétions de fon peuple aux folles
adorations de fa cour ; que cette cour & fes
courtifans lui refufent, s'ils veulent, les derniers honneurs, & nous abandonnent le foin de
fes funérailles. Chez les anciens, c'étoit l'ami
le plus cher qui fermoit les yeux ou mettoit le
feu au bûcher : c'eft donc à nous, c'eft au peuple que cet honneur appartient. Allons; & puifque ces lieux ont l'honneur d'être le berceau
de fa maifon, fortons de nos montagnes, def-
cendons à la Capitale pour aller chercher les
cendres du vénérable Jacob & les réunir à celles
de fes peres. Au lieu de la pompe royale, de
la magnificence des chars funébres, du corté-
ge brillant de fes courtifans, fi inconfolables
aux légeres indifpofitions de leurs maîtres, &
fitôt confolés à leur mort, nous verrons une
foule plus augufte, & des fentimens plus vrais;
nous verrons cette Nobleffe, non la Nouvelle
plus illuftrée, fiere de fes richeffes & de fes
dignités;

dignités, mais l'Antique plus illuftre, fiere de fon honneur & de fa pauvreté, qui accompagnera les cendres de fon Chef; nous verrons encore fe réunir à elle les guerriers, non ces héros des cours qui fans victoire & fans lauriers obtiennent cependant les honneurs ou plutôt l'ignominie du triomphe, mais ces braves & généreux guerriers dont il fut le protecteur & le modele, & que les juftes récompenfes alloient fûrement chercher fur les frontieres, fans qu'ils vinffent s'avilir à les folliciter. Marcheront auffi confondus dans la foule, ces fages dépofitaires du pouvoir, ces fidéles Miniftres qui n'ayant point perdu dans là brigue & la baffeffe, pour obtenir les places, un temps déjà trop court pour fe rendre dignes de les occuper, étoient appellés des extrémités de fon royaume, comme du milieu de fa cour, pour marcher aux dignités à travers cette foule d'ambitieux fans titres ni vocation, qu'on a dans tous les tems comparés aux reptiles immondes, parce que rempans autour de leurs appuis, fouvent autour de leurs rivaux, & vénimeux toujours pour les uns & les autres, c'eft ainfi qu'ils fe traînent au faîte des grandeurs. S'emprefferont fur-tout dans ces derniers devoirs, ceux qui fous la protection du Prince ont fait fleurir les arts & les fciences, ces vrais fçavans, qui pour illuftrer nos académies ont trouvé affez vafte le champ des connoiffances humaines, fans avoir befoin d'attaquer les mœurs ou la religion. Ces vrais génies qui ont toujours dédaigné une gloire

dont

dont un chrétien eût eu à rougir, vont défor-
mais par une juſte reconnoiſſance conſacrer
leurs talens à faire paſſer à la poſtérité la gloire de Charles, & propoſer un modele aux
Rois de tous les ſiecles, à ceux du moins qui
ſeront dignes de l'être, & *qu'il conſolera du mal-
heur d'être nés ſouverains.* Pour nous, M. F.,
pour la Tribu ſainte, elle y ſera toute entiere,
nous le pleurerons non-ſeulement comme notre
Roi, mais encore comme un de nous, comme un de nos pontifes : car qui jamais, par ſa
vigilance & ſon zele pour le ſaint Culte, a
mieux mérité ce titre auguſte d'*Evêque extérieur,*
que les Peres de Nicée donnerent à Conſtantin ?

Mais arrivons au plus bel ornement de ce
cortege funebre : ce ſeront les laboureurs, les
artiſans décorés des inſtrumens honorables de
leurs profeſſions ; ce ſeront les veuves, les
orphelins & les pauvres ; les malades ſenti-
ront plus vivement ce jour là tous leurs maux ;
ceux qui ne pourront nous ſuivre du moins
lui adreſſeront leurs vœux ; & du fond même
des priſons il ſortira des ſoupirs. Aux cris,
aux pleurs, aux chants funebres de cette foule
vénérable, les uns mêleront l'hiſtoire plain-
tive de leurs regrets & de leur reconnoiſſance, d'autres célébreront la vertu particulière
qui l'a le plus rapproché d'eux. Les guerriers
loueront le courage, les pauvres l'affable cha-
rité, les Pontifes ſa piété, & tous enſemble
ſa bienfaiſance & ſa juſtice.

Les voyageurs & les étrangers qui nous ren-
contreront ſur leur paſſage verront bien alors
que

que ce deuil eft le deuil univerfel, que cette affliction eft l'affliction profonde de l'Egypte, *Planctus magnus eft ifte Ægyptiis*. Quel fpecta-cle plus touchant pour les hommes qui par-courent l'univers pour s'inftruire ! Eux qui peut-être admis, non à la vaine cérémonie de le voir, mais à l'honneur de lui parler : & qui interrogés fur leurs ufages ont été inftruits fur les fiens par lui-même, non en maître abfolu, mais en pere, en économe de fon peuple ; de retour dans leurs contrées ils raconteront ce qu'ils ont vu, les honneurs funebres, incon-nus jufqu'ici, que nous rendons à nos Rois, & la apprendront aux leurs à en mériter de pareils.

Enfin arrivés dans ces lieux, chargés du dépôt refpectable, il en deviendra l'ornement, & fans être averti par des infcriptions pom-peufes & de fuperbes monumens, nos cœurs nous meneront toujours où fes cendres re-pofent ; les Peres y conduiront leurs enfants, & leur parleront de ces temps heureux, & les enfans envieront le bonheur de leurs peres, ils iront y bénir dans leur félicité, y gémir dans leurs maux, le prier de jetter quelquefois un regard de ces demeures céleftes : car fi nous difons, c'eft là où repofent fes cendres, fes dépouilles humaines, nous dirons encore c'eft là haut où regne à jamais fon ame immortelle ; & fi le ciel fouffre violence, fuivant l'expreffion du Sauveur, l'Eternel rejette-t-il un Prince porté par les vœux & les foupirs de fon peuple ? A ces vœux, à ces foupirs les portes éternelles du ciel tombent plus promptement que ne
firent

firent autrefois les murs de Jéricho aux cris
de l'armée d'Ifraël. Suivons-le en efprit dans
la Jérufalem célefte. Tous les juftes de tous les
fiécles & de tous les mondes s'y réjouiffent de
leur nouvelle conquête ; & la légion immortelle que le ciel a levée dans ces climats va le
porter en triomphe aux pieds de l'Eternel.
Victor fon Pere, Victor qui maintenant fans
paffions, voit la vérité fans nuages & fans
voile, va le recevoir dans fon fein : venez, ô
mon fils, vous qui comme les enfans refpectueux de Noé, avez caché les foibleffes de votre Pere, recevez les mêmes bénédictions. Votre poftérité s'étendra fur la terre, elle cou-
vrira de vaftes contrées, & les Princes les
plus puiffans rechercheront fon alliance. Mais
puifque préférant encore ma gloire à la vaine
crainte des jugemens téméraires des hommes,
vous avez attendu toute confolation du ciel,
jouiffez maintenant d'une gloire ineffable dans
cette Cité fainte, où tous les fieges font des
Trônes, & où tous les juftes font des Rois.